Сборник стихов. Воспоминания.

Александр Артанов

Published by Александр Артанов, 2023.

СБОРНИК СТИХОВ. ВОСПОМИНАНИЯ.

First edition. April 18, 2023.

ISBN: 979-8227082732

Written by Александр Артанов.

Содержание

Автор благодарит вас за прочтение книги. Пожалуйста, оставьте отзыв, где бы вы ни купили книгу, или расскажите о ней своим друзьям, чтобы помочь распространить о ней информацию.

Когда-то, давным-давно, я сделал попытку сформулировать – что такое счастье? Уверен, что каждый такой вопрос себе однажды задавал... Не претендуя на авторство (человечеству много тысяч лет), могу лишь подтвердить универсальную правильность утверждения: СЧАСТЬЕ – БЫТЬ В СОГЛАСИИ С САМИМ СОБОЙ.

Я надеюсь, что среди читателей очень много тех, кто на пути к счастью или его уже ощущали... хотя бы один раз в жизни!

Желаю всем быть в согласии с самим собой!

Обращаю внимание читателей - автор и герой стихотворения не всегда одно и то же лицо.

АЛЕКСАНДР АРТАНОВ

Оглавление:

СБОРНИК СТИХОВ. ВОСПОМИНАНИЯ.

Угольки костра потрескивают

Совсем немного ценностей на свете

Довольно странное кино приснилось мне

Бессмертная душа живёт во бренном теле

Впереди тебя – чистое поле

Не говори о себе грустно

Прохладная в руке тяжёлая приятность

Эх, не найти мне рифму

Старик поэт, что может быть печальней?

Ветер слабый, вмиг – свирепый

На меня слепая наткнулась беда

Город… город… стекло, авто

Я слушал тишину, она молчала

Кораблю опасны рифы

Мигает лампа фонаря

Что наша жизнь? Большие гонки

Не вспоминаю имя его, всуе,

Застыл, обмяк, растаял воском

Случилось сказочное чудо

Стройные берёзы в стороне стоят

Дождь горохом стучит по крыше

Ночь. Половина третьего

Ветер борьбы и штиль покоя

Рассказал бы мне пораньше

Кто был в лесу осеннем

Пишу пейзаж широкими мазками

Всё больше смертных

Иду по следу, лепит снег лицо

Какая тяжесть в грамме этом!..

Как стих рождается никто не знает,

За туманным стеклом – лицо

Бормочет странности себе под нос, чудак

АЛЕКСАНДР АРТАНОВ

Ты хочешь власти?

Не смотри так часто вверх

Я не боюсь, а лишь стремлюсь,

По каждой дороге или тропе

Ей богу, мудрено устроил кто-то жизнь

Как уходит любовь? Тихо-тихо... как боль

От автора

v-07.06.26

СБОРНИК СТИХОВ. ВОСПОМИНАНИЯ.

***

Птицу счастья не хочу спугнуть,
Не дыша, руки вытянув, крадусь...
Лишь коснуться... а поймать боюсь...
Что спросишь, когда в руках она,
Вся сжалась, не знает – как она велика,
А руки дрожат, как бы насмерть не сжать,
И руки дрожат, не дать бы сбежать...
Вот она, кроха – волшебная птичка,
В грёзах – вершина, детское личико,
Сколько мечталось, в слезах пролилось,
Жизнь прошептала – наконец-то... сбылось...
Могу попросить, заказать, приказать,
Но медлю, задумался... верней бы сказать...
Не промахнуться и мелко не бить,
Мало сказать, ничего не забыть...
Помню, машинку хотел малышом,
В море войти, стоять голышом,
Лугом бежать, смеясь, без причин,
Стать инженером, не мал его чин,
Ночью летать, хотя бы во сне,
Мать и отца не терять по весне,
Я многое помню и цены на всё...
По жизни всё стоит - награды, потери,
А если не верите... сами измерьте,
Смех и любовь, измены и смерти...
Я пальцы разжал, ладонями к небу,
Когда-то всё было, уж мне вы поверьте...
Декабрь, 2007

АЛЕКСАНДР АРТАНОВ

***

Осень, ясень, сени, сон,
Запах хлеба... ясли, конь,
На печи лежу, молчу,
Мать хлопочет, я гляжу...
Мне шестой идет годок,
Что я счастлив – невдомёк...
Много... мало, быстро... вяло,
Шесть десятков, здра-а-сте вам!..
Не бежал, ведь путь – не прямо,
Избегал... при свете, ям...
А сейчас спросить хочу,
Много ль счастья?! Хохочу!..
Два... три раза... счет-резон?..
Осень... ясень... сени... сон...
Октябрь, 2008

***

Эй!.. пацан!.. Подкинь-ка в пас,
Мяч пятнистый... был я ас
Лет с полвека тому назад,
В рваных кедах, в воротах...
Вспомнил резко,
Как мячом в лицо,
Игру из детства,
Давным-давно...
Азартный крик
Меня настиг,
Мороз по коже,

СБОРНИК СТИХОВ. ВОСПОМИНАНИЯ.

В тот же миг!..
Удар!.. прострел!..
Я быстр и смел,
Лихой бросок –
... Я всё умел...
Эх, ты, память,
В который раз
Рвешь мне душу,
Как сейчас...
Эй!.. пацан!.. Подкинь-ка в пас...
Ноябрь, 2005

***

Перевёртыш – слово, перевёртыш – мысль,
Нет опоры среди них, затерялась высь...
Расползлась колея, разорвалась нить,
Тоска явилась без спроса... захотелось выть...
Срочность замерла... важность ушла...
Все вороны мира сидят у крыльца...
Формата четвёртого лист чист белизной,
Формата четвёртого лист гол пустотой,
А сокол летящий – был точно, не наш...
Наверно, придётся точить карандаш...
Сентябрь-октябрь, 2008

***

Жизнь – она ведь женского рода.
Улетело лето в тёплые края,
Только и заметил крылья я,

АЛЕКСАНДР АРТАНОВ

Что-то слишком быстро лист опал,
Бесконечный дождь тоску нагнал...
Не успел я оглянуться – снег кругом,
И метель, пороша, день за днём,
Странно - быстро март прошёл,
И опять на небе солнце высоко...
Так мелькают годы,
Всё быстрей, быстрей,
Но, прошу – подталкивать не надо,
Ты пойми, налей...
Расскажу про душу, что болит,
Про тоску, что по ночам не спит,
Пожалей... прости... побудь со мной,
Тебе ведь тоже грустно... быть одной...
Октябрь, 2005

***

Мы думали, что строим дом,
Линкор, а может крейсер,
И стены толстые, как та же крепость,
Спасут, закроют хрупкий мир
В ревущем море жизни,
Но с первым креном смелой миссии
Сорвало, смыло багаж с иллюзиями,
И все масштабы протрезвели,
И краски смылись, звать не смели...
Оказался наш кораблик
Лёгким, маленьким, как зяблик,
А блаженство – словно блик,
Всех позвал, мелькнул и сник...

13 января 2006

***

Как хорошо, когда в метель, в мороз,
Ты, поплутав в пути изрядно,
Увидел пред собой окно, а там тепло,
И даже ёлка в убранстве, нарядна...
Как хорошо, когда позвал отец,
И ты пришел и сел напротив,
– Есть разговор, мы вместе, наконец,
Послушай, если ты, сынок, не против...
Как хорошо смеяться без причин,
Бежать по лугу, а тебе пятнадцать,
И не терзаться, что невелик твой чин,
И не стараться, чтобы всем казаться...
Как хорошо на пирсе, на краю,
На зорьке, с горизонтом рядом стать,
Почувствовать, что с чистого листа
Не поздно всё сначала написать...
Как хорошо с друзьями... у костра,
Душой раскрыться (редкость, кто не знает),
Стих прочитать в открытые глаза,
Но, к сожаленью, не у всех бывает...
Как хорошо всё видеть, понимать
И утром каждым не терять причину,
Почти неслышно, тихо повторять:
— Как хорошо... — и так до дня кончины...
Август, 2007

***

АЛЕКСАНДР АРТАНОВ

Ночами шелестят года,
А рядом самый тихий шепот
О том, что важно... всем... всегда,
Он заглушает армий топот...
Я узнаю, как грустно без меня,
И время тянется, как пытка,
Но отменить отсутствие нельзя,
Смирись... ты, слабая попытка...
Август, 2007

***

В.Р. Рыбальскому
Эй!.. дружище... как ты там?..
Занят чем... по вечерам?..
Так ли нежна синева?..
Был ли грустен ты сперва?..
Ведь трудно расставаться,
Не прощаясь,
И вечно, как говорят,
Душою маясь,
Лишь изредка во сне
Наведывать друзей
И уходить в туман,
Как будто дело есть,
И будто бы тебя зовут
– скорей!.. скорей!..
Надеюсь, миновал
мой срок учить,
Но всё же я хочу тебя
вопросами помучить,

СБОРНИК СТИХОВ. ВОСПОМИНАНИЯ.

Они давно толпятся
у моих дверей
И убедительно молчат,
Как тот немой старик-еврей,
сосед из призрачного детства...
Скажи, а можно время придержать
Иль повернуть... немного... вспять?
А все ли нужно отдавать долги?
Или чудо всё же есть –
там прощены они?!
Потери, слякоть и года
сутулят плечи,
И в трюме корабля
не спрятаться от течи.
Вдруг сознаёшь –
не отмолчаться,
Не «замять» вопросы,
И полетят –
безжалостные осы,
И болью станет
ожидание ответа...
Ведь бросить некому
спасительное... вето...
Ты, верно, знаешь, что пора,
мой друг, мне тоже знать –
там... встретится... опора?
Увижу ль снова я родных?..
Удастся ль память разбудить?
О днях лихих спокойно
говорить и не спешить...
вердикты оглашать...
а слушать... слышать...

АЛЕКСАНДР АРТАНОВ

Я тру ладонью слева грудь,
Желаю... видимо, не к месту:
Дружище, мол, здравым будь!
Но чувствую, хотя я чту
Ушедших всех, меня
Смущает слово «вечность»...
Ты не спеши ответы посылать,
Я не тороплю, пока прямая стать,
Не все... мной заданы вопросы,
Смотрю... уже летят... на то и осы...
2007-2008

***

Весь мир из простоты был кем-то создан,
Песчинка, штрих и света блик – его палитра,
Ещё, быть может, капля – звуками падений,
И костровое пламя, в отблесках созвездий...
Ещё немного, думаю, могу добавить...
Про свежий ветер, соль и вкус победы,
И горечь поражений, тех, что не исправить...
Предчувствия и вестники беды, а также стих,
Волнуются, как не забыл бы я и их...
Март, 2009

***

Есть аргумент — сильнее слова,
И заклинаний, слёз и уговора,
Сильнее всех угроз и гроз,
Фантазий и из пальцев поз,

СБОРНИК СТИХОВ. ВОСПОМИНАНИЯ.

Он заставляет замолчать,
Навечно наложив печать
На все иные точки зрения.
Он — точка в споре и курении,
И что же тут поделать?..
Немного весит, граммов девять...
Февраль, 2010

***

Не устоял, смирился, отступил,
На горло песни наступил,
Поверил в мудрость, не свою,
Скользнуло счастье... горечь пью...
Январь, 2006

***

Помянем, брат, отца и мать,
А жизнь, что нам успели дать,
Идёт путём, так говорят...
Я майский дождик не виню,
Когда в груди болит надсадно,
И непонятна горечь на губах,
Хотя вино ведь было сладко...
Что говорить про нашу жизнь?..
Её устроил кто-то странно,
По судьбам время расслоив...
Где роскошь встреч, и непонятно,
Мешал мне кто с отцом всю ночь
Проговорить... пространно...

АЛЕКСАНДР АРТАНОВ

И не спешить... и слушать, слышать...
Эх, повернуть бы вспять,
Но телефон во снах молчит,
Не отвечает долго...
Потом срывается... опять...
Помянем, брат, отца и мать,
А жизнь, что нам успели дать,
Идёт путём... так говорят...
Я помню платье мамы — в голубых цветах,
Соседи ей смотрели вслед и говорили: «Ах!»
Я помню, как меня позвала мама вдруг:
— «Поговори, сынок, со мной...»
Тогда не поговорил — порочный круг,
Ведь я спешил... дела... работа, чин...
Небрежны мы со временем, мой брат,
Забыли: за поворотом — вечность,
Где, неизбежно, окажемся у врат,
И не поможет ссылка на беспечность,
Для путника они всегда открыты,
Там не зачтётся: мы, мол, жизнью биты...
Ценить сегодня нужно, не вчера,
Не улетать в своё пространство завтра,
А если кто из нас позвал, то спозаранку
Прийти, забыв все важные дела...
Помянем, брат, отца и мать,
А жизнь, что нам успели дать,
Идёт путём... так говорят...
Март-апрель, 2009

***

СБОРНИК СТИХОВ. ВОСПОМИНАНИЯ.

Холёная рука задумчиво бокал вращает,

Уж долго старый князь не пьёт,

А с прищуром глядит

На свет через вино... янтарь сияет...

И где-то за рекой,

В слепой избушке,

Тоску решает утопить

Другой старик, но в кружке...

Их мысли далеко, туда полвека путь,

Но только налегке, там негде отдохнуть...

С тяжёлым скрипом годы отступают,

Вино молчит и, не спеша, по каплям тает,

А Хмель, едва присел за стол, но тут же вышел,

Вдруг поняв, что компания не та,

Где все молчат и блёкнет вдруг монета,

Здесь крепнет голос маленьких волчат,

Здесь старцы спины распрямляют,

Припоминая, как в хоровод вели девчат...

Огонь в камине тени убыстряет,

Их блики всё причудливей, смелей,

Снега седин с волос – как будто тают,

А смоль усов смеётся – «... ты налей!»

Душа кольчугу, не спеша, снимает,

Как трудно в ней, душа едва жива,

Но взглядом острым не сверкает...

Не надо притворяться, что она тверда...

Здесь память в гости время допустило,

Два брата, близко, в локоть сидя,

На миг забыв, что каждый не один,

Не обернувшись, на минуту выйдя,

Полвека порознь, случай — господин!..

Декабрь, 2006

АЛЕКСАНДР АРТАНОВ

***

Мужчина зол, если голоден он и гол,
Если не любим, а она смеётся
И говорит, что мил...
Мужчина угрюм, если завистью
Занят его ум,
Если ружьё не стреляло давно
И посетила мысль, что он дерьмо...
Эта тропинка – в пропасть,
Когда старухи шепчут про напасть...
Если тело его не спасает дело,
Что насмерть не даст упасть...
Мужчине просто плохо,
Если кричит душа его, одинока,
А в ответ лишь слабое эхо
И слеза не покидает око...
Вообще-то немного причин,
Убивающих суть мужчин...
Январь, 2009

***

– У тебя бессонница?..
– Нет, сонница...
Как хочется ребёнком стать
И день, что будет завтра,
Всё ещё, пока, не ждать,
Да и прошедших дней
Не ощущать тревожно вес,
Как будто их листать придётся

СБОРНИК СТИХОВ. ВОСПОМИНАНИЯ.

И отвечать за каждую страницу,
И признаваться, что попутал бес,
Хотя я сам использовал свою зеницу...
А что – бессонница?..
Попытка сэкономить время,
Когда песчинка, в камень превратясь,
В висках грохочет и моё не знает имя,
Но в колбу малую течёт, струясь...
Не остановить его, не приручить,
Скользит меж пальцев время...
Когда-то торопил, теперь несу —
На то и бремя...
Сереет... не заснуть...
Август, 2006

***

Сижу под пальмой и о своём мечтаю:
Как снег в мороз скрипит,
А изморозь с усов слетает...
Песок горяч, кокос не согревает душу,
Карась не у меня клюёт, и не хочу я суши,
А жидкость, что я пью, о роднике не знает,
И по ночам журавль всё без меня летает...
Я тихо сплю, я не кричу,
Но, стиснув зубы, по ночам мычу,
Всё очень просто – я домой хочу...
Сентябрь, 2006

***

АЛЕКСАНДР АРТАНОВ

Я пьяненький, мне можно
Расслабить фибры своей души,
И даже те, что и себе-то сложно
Увидеть в будни, как ни бди...
Сомненья были, есть и, вероятно, будут,
Их груз, я знаю, невтерпёж нести,
Но мне хотелось бы опоры,
Той важной малости, пятак найти...
Все жизни линии в клубке переплелись,
Подчас не знаешь, где твоя былинка,
Какой из северных ветров, как ни молись,
Рванёт, да так, что сам мелькнёшь пылинкой...
Опор по кругу жизни много не бывает,
Одна иль две, везучим – три, не всем хватает,
Отец и мать, любимая и сын, а дальше – тает,
А тот, кто из небес всё видит и, конечно, знает,
По праздникам своим друзей — не всем, но дарит...
Хотел бы я подарком быть таким...
Самим собой, а может – им...
Творец... и я... пока... молчим...
Декабрь, 2005

***

К.Л. Солонину
Опрокинуло небо меня на бегу,
Июньским полднем, на лугу,
Упал я навзничь, не мог стоять,
Покосы трав хочу обнять...
Медок парит, цветочный дух,
Трещит цикада, щекочет слух,

СБОРНИК СТИХОВ. ВОСПОМИНАНИЯ.

Раскинув руки, как крест лежу,
В зенит мой взгляд - упрям... лечу...
Кто там посмел сказать про грех?!
Кто там забыл про чистый смех?!
Ведь, в самом деле, счастье есть!
И я не в небе, я ведь зде-е-е-сь!..
Октябрь, 2005

*****

Иду по пашне в ноябре,
Узнав всю прелесть чернозёма,
По три кило прилипло снизу
Земли, цены которой нет!
Такая ценность вяжет шаг
И возбуждает мысли вспышку:
Что будет, если он вприпрыжку
Рванёт из-под усталых ног
И, нехотя, собьёт, бесстыжий!
Иду по пашне в декабре,
Наверно, славно, что позёмки нет
И ветер иглами слезу не гонит,
Немного окоченевший палец
Не чувствует крючок, а заяц
С тревогой смотрит, отскочив на шаг:
Какой подвох затеял этот дядька,
И сможет ли помочь прыжок,
Скидок, петля и прочая заначка...
Иду по пашне в январе,
Совсем недолго, час, не более,
Но думаю: какого чёрта

АЛЕКСАНДР АРТАНОВ

По льдинам прыгаю тогда,
Когда все зайцы отдыхают,
Забравшись в тёплые места!
Мороз и вправду набирает,
Глаза в слезе, и чёткость тает,
Одна надежда, что Петрович
Скомандует: «Хорош!» — и будет
Полевой костёр в снегу, первач,
Закуска скромная, не типа дач,
И фраза вечная, охотников всех тост,
Их соединяющая, как лёгкий мост:
– «Как хорошо, что мы купили ружья...»
По пашне я ходил не раз....
Октябрь, 2005

***

Спокойная течёт река – моя любовь,
Я в ней плыву, увы, за поворотом – вечность,
Но берег не влечёт, и в этом соль,
А может, я заметил... ценностей конечность?..
Июль, 2006

***

Как много в жизни незаданных вопросов,
Тяжёлых, умных и простых,
И даже тех, что сов с визиток мудрецов
Заставят хлопать круглыми глазами.
Вопрос... вопрос... – какая сила в нём!..
Возможно, там сидит проект ответа,

СБОРНИК СТИХОВ. ВОСПОМИНАНИЯ.

А может, это Разума причудлива игра,
Где всё давно известно, но Некто
Придумал способ наполнить Время
Человеческого бытия...
Вопросы острые, как те кинжалы,
Достали сердце, а потом ответов
Слабые попытки становятся как пытки
В руках умелых, и только меч булатный
Ответом будет быстрым и понятным!
Куда же ты скользишь,
вопрос лукавый?
Ты почему не смел задать
вопрос стыдливый?..
И молча всё сносил и пил...
ведь ты любил!..
Наверняка вопрос твой был,
Но ты его убил,
Надёжно спрятав все следы
Отсутствием ответа...
Неужели ты, когда всё знал,
а спрашивал,
Коварный план в душе своей
вынашивал?!
Вопросов паутина тонкая
Смертельно может пеленать,
А на ответы нечего пенять,
Тем более что их нельзя менять –
Они совсем иначе сотканы...
Вопрос... вопрос... какая штука сложная,
В нём всё соединено,
А простота... ведь ложная,
Несёт в ответе искажение,

АЛЕКСАНДР АРТАНОВ

А ждёт ведь отражение
Тот, кто соорудил вопрос...
Вопрос – как тетива: неловкою рукой,
Случайно... вдруг... стремительно
Стрелу пошлёт и... попадёт смертельно.
Ответа щит не мог быть поднят верно,
Откуда знать, что в спину лук направит друг,
Не зная всей опасности вопроса...
Мы почему-то склонны задавать
Вопросы и с подозрением
Выслушиваем ответы,
В сознании своём примеривая
Различные пространства, опыт,
Веры и все иные жизни меры,
Как будто где-то пролетал ответ,
А мы случайно всё услышали,
Но ведь, досада, отвлеклись
Своим мечтам, что вдруг нахлынули...
Как ни старались... день потом,
Ответа смысл совсем рассыпали...
Сентябрь, 2005

***

Не девичья это грудь,
Ни весеннего ветра шалость,
Навевает лишь горькую грусть
За пазухой чей-то камень...
2007

***

22

СБОРНИК СТИХОВ. ВОСПОМИНАНИЯ.

Мы много носим странного в себе,
Летаем, ползаем и завлекаем музу,
Иль в долгой, при костре, беседе
О страшных сёстрах говорим,
Одна из них – Медуза...
Горгоны будут крайними в ряду,
Кого любить – себе дороже будет,
Но, может быть, в волшебном том саду
О встречах с ней мы точно не забудем?..
Лечу в полночном снежном вихре
На желтый и трепещущий огонь,
И эти сказки могут статься былью,
А будни превратятся в вещий сон...
На чистый лист с опаской я гляжу,
Соблазн велик, но что скажу?..
Запачкать не хочу, убить – подавно,
И только душу положить, а это странно,
Не принимает мир такие жесты,
Ведь он жесток... и нежности из жести,
А их края порвали многим души...
Мы много носим странного в себе...
На чистый лист с опаской я гляжу...
Январь, 2006

***

До горизонта уже немного дней пути,
И подозренья лишь подтвердились явью
О том, что линия слиянья неба и земли
Недалеко, а, к сожаленью, рядом...
Парю над миром я...

Лишь крыльями взмахнув... чуть-чуть,
Но замечаю, что стремлюсь повыше,
Круг за кругом,
За горизонт хочу взглянуть,
А он, смеясь, всё ближе... ближе...
Май, 2006

СБОРНИК СТИХОВ. ВОСПОМИНАНИЯ.

∗∗∗

Триптих «Пираты».
Внукам Андрею и Егору

Дубовый стол и пуст, и скучен,
За ним нет жизни и веселья,
Лишь на краю, угрюм и тучен,
Пират страдает от похмелья…
Вчерашний вечер по кускам разорван,
Что было явью – как узнать?!
Две кварты рома – были точно!..
А остальное всё? — начхать!..
Одна лишь явная заноза
Торчит и беспокоит остро:
Кто бросил шёпотом на ухо
Про спрятанный сундук и остров?..
Полдня пропойца вспоминал
Подробности той странной фразы,
Потом пошарил по карманам:
— «Опять две дырки, вот заразы!..»
На берегу слегка штормило,
И в такт волне побрёл пират
Искать трактир, где было мило,
Пока «гнусавый» не сказал про клад…
Вот-вот, знакомое местечко,
И ветки клёна над столом,
Узнал-таки, вон — то колечко,
Где пёстрый чепуху молол!
А нынче, точно как вчера,
Гуляка-попугай хвалился

25

Про красоту хвоста пера,
Пока пират опять... напился!..
Но вдруг слетает птица вниз
И молча на плечо садится,
Гнусавит шёпотом про приз
И просит не забыть делиться...
А дальше — больше, всё с напором —
Про карту, остров, кирку с ломом,
Не позабыла про фрегат
И всех, кому пират — не рад!..
И потом, войдя в кураж,
Очень громко: «Абордаж!..»,
«Не забудьте бочку с ромом!..», —
У пирата в горле — комом!
Явь и сон, и пьяный хохот,
Всё смешалось... не помочь,
Не узнал опять, несчастный,
Кто ему вещал всю ночь...
2 мая, 2006

***

Пиастры пёстрые,
Дукат тяжёлый,
А шпаги острые
Хранят цвет жёлтый!..
Уж третий день
У бриза криз,
И парус вниз,
И плачет мисс!
А бриг врага

За мысом стал,
Скрутить бы в рог,
Да ветер мал!
Проснись, дружище,
Посейдон!.. приди,
Взгляни, ведь я не дон,
Пирата просьбе внемли!..
Махни рукою от души,
А хочешь — вволю попляши,
Но ветра силу — покажи!..
Уж третью ночь
Тот бриг врага
Забрал пиратов от их сна,
Сундук с пиастрами
Совсем не мал,
Дукаты в бочках, их навал!
Поутру ветер свежим стал,
Пирата просьбе кто-то внял,
Подняли рваные, но паруса,
Рванули галсами... о небеса!..
Сундук с пиастрами,
Полдня пути,
Дукаты бочками,
Фрегат купи!
Уже недолго дрожать руке,
За мыс выходят — налегке,
И ядра, пушки — устали ждать,
Но вряд ли выйдет из пирата паж —
Идут пираты на абордаж!
Но, боже праведный,
Стрелять постой!
Вчера бриг с бочками,

АЛЕКСАНДР АРТАНОВ

Сейчас — пустой!
С вершины мачты кричит пират,
И видно всем, что он не рад,
На палубу сходить боится...
На берегу, далёко...
Пыли облако клубится...
Пиастры пёстрые,
Дукат тяжёлый,
А шпаги острые
Хранят цвет жёлтый!
Апрель, 2006

***

Прибой на выдохе шипит,
На вдохе — гальку гладит,
На берегу, на солнышке, пират сидит,
Закрыл глаза и чайкою летает...
Но рокот моря не разбудит,
Ведь он мечта... он завлекает,
И снится старому — под парусом плывёт,
А брызги далеко... не долетают...
В солёных грёзах разум замирает,
И память строит прошлое из клочьев,
Где шпаги острые марают кровью,
Из звуков — абордажный скрежет крючьев...
Давным-давно, враги ещё все были живы,
С пиратом выпила Фортуна — всего лишь пинта...
Но шанс дала... достичь вершин наживы,
В бутылке старой, с весточкой от Флинта...
То знатная была записка — обрывок карты,

28 "

СБОРНИК СТИХОВ. ВОСПОМИНАНИЯ.

Пустынный остров, всем давно известный,
А на краю, коряво, крестик малый
Был явным знаком новой жизни!..
А дальше было как во сне:
Корабль, секрет, пиратский капитан,
Прощанье с милой — до весны!
Эх, знать бы, где стоит капкан!..
А было к месту этому — два месяца пути,
Ещё дня два — лопаты к каждому прилипли,
И первый сундучок удалось же найти!..
И первый выстрел — всё, друзья, приплыли...
Прибой на выдохе шипит,
На вдохе — гальку гладит,
На берегу, на солнышке...
Май, 2006

***

А мама смотрит и молчит,
И лишь одна слеза застыла,
Немой вопрос в меня летит,
Его понять не в силах я,
А впрочем...
Шуршит ночная тишина,
Мать на крылечке ждёт меня,
Совсем исчезла та обида,
Но ветер шепчет: «Было, было...»
Я вспомнил просьбу мамы странную,
Немножко нервную, усталую:
— «Поговори со мною, сын...»,
А я спешил...

АЛЕКСАНДР АРТАНОВ

Как сложно выполнить... и просто
«Не верь, не бойся, не проси...»,
Но для ответа — поздно... поздно...
Как ни старайся, ни кричи...
Время эхом догоняет... снова слышу:
— Клубничку хочешь?.. Не оступись, сынок...
Терпи, родной, ведь ты мужчина!..
Эх!.. Вздохнул... прошёл тот срок...
Перемешалось всё — простое, сложное,
Куда-то делось «невозможное»,
Всё чаще весел и смеюсь,
И ничего я не боюсь.
Бесстрастно эхо повторяет:
«...боюсь, боюсь...»,
И я оглядываюсь...
А мама смотрит и молчит,
И лишь одна слеза застыла,
Немой вопрос в меня летит,
Его понять не в силах я,
А впрочем...
Август, 2005

***

Я знаю, жизнью правит Случай,
Какие б планы мы ни составляли,
Хохочут черти, попивая чай,
Кипящий жбан с азартом заправляя...
Играем в кости, думая, что Случай
Сравняет всех, но он лентяй
И правит балом как бы невзначай,

СБОРНИК СТИХОВ. ВОСПОМИНАНИЯ.

Мешая кости...
Но нас лукаво просит:
— Ты, братец, не мешай...
Декабрь, 2008

***

Было всегда и всего много, не меньше ста,
Протянул руки — одиночество, и даже не два,
Эхо грохочет, а был ведь лишь тихий стон,
Через ступени прыгал, а теперь — бреду едва,
Чётки перебираю — годы и дни, глаза прикрывши,
Вспоминаю, что не успел, где — талант зарывши,
Созерцал, время в пыль превратив...
забывши себя... где ты был — креатив?!
Всё чаще я грущу, а значит — вспоминаю,
Когда-то льдом я слыл, сегодня таю...
Устал твердыней быть, зачем крушить?
Уж лучше мягким облаком скалу обнять,
Проникнуть в тайны все и всё понять,
Узнать себя, тебя, где счастье бродит,
И вспомнить наконец-то стих, тот, что хороводит...
Февраль, 2009

***

М. П. Кондре
Угольки костра потрескивают,
Тихо журчит разговор друзей,
Тускло ружья поблескивают,
Уловив всплеск огонька...

АЛЕКСАНДР АРТАНОВ

Глухой стук видавших виды чашек
Оживляет беседу про окунька,
Прошлого года удачную охоту на зайца,
Перепелиные яйца, а также планы на кабана...
Зорька утренняя соединяет
Не только день вчерашний и сегодняшний,
Но и родственные сердца...
Величаво новый день наступает,
А мы всё это наблюдаем,
Заняв лучшие места...
Это, уверяю вас, конечно, не мания...
И вместе с тем уверен, что кто-то
Где-то далеко мечтает, что он,
Может быть, когда-то
Скоротает ночь в такой компании...
2005

***

Совсем немного ценностей на свете,
И прописные истины просты,
Но как далёк наш путь до цели,
Пока поймём ту мысль и мы...
2006

***

Довольно странное кино приснилось мне:
О взрослой жизни детские мечты...
Как был я прав, наивно полагая,
Что ценность жизни спрятана во мне!

СБОРНИК СТИХОВ. ВОСПОМИНАНИЯ.

Сентябрь, 2005

***

Любимой Олечке

Бессмертная душа живёт во бренном теле,

Но привязь не крепка, всего лишь еле-еле,

Душа почти свободна и слегка летает,

А слово тёплое услышит и непременно тает …

Она бледна, нежна и с ног сбивается снежинкой,

А грусть когда нагрянет — вдруг явится пылинкой…

И часто, как сейчас, — хворает вне больниц,

Хоть взгляд пронзительный её поранил,

Но удивительно!.. Всего лишь взмах ресниц —

Она опять любима… изнутри сияет…

С ней трудно быть на «ты»,

К себе не подпускает,

Душа замрёт — стук сердца затихает,

Она вздохнёт — прекрасней мира нет,

И каждый всё об этом знает,

И год, и два, и тысяч много лет…

Душа, бывает, камнем станет

И тяжесть мира на себя возьмёт,

А когда её забыли — то черствеет

Иль коркой твёрдой обрастёт…

Бывают странности, как ангелы из речки,

Где, может, по любви душе шепнули слово,

И с тех времён она живёт — то памятью, то речью,

Её неловкий абрис не робеет, а выводит соло,

Пока недобрый взгляд не выстрелит картечью…

Не увижу я однажды душу — лёгкий выдох,

АЛЕКСАНДР АРТАНОВ

Не увижу, как парит, а может... отлетает?
В кровь царапая себя о нежный мох,
И не слышит оправданий, просто так... прощает...
Про себя ей всё известно,
Даже маяться, что будет вечно,
А потом — она бессмертна...
Только тело бренное ей в тягость —
Жаль, конечно...
И живёт она пока
В моём грешном теле,
Но ведь привязь не крепка,
Всего лишь еле-еле...
Июль, 2006

***

Впереди тебя – чистое поле,
Позади – тёмный лес,
Поклонись слепой доле,
И лукавый не поймает бес...
Впереди... видишь?.. река-море,
Свежий бриз, серебристый плёс,
Зазвучишь и ты в том хоре,
Если умер, то завтра воскрес...
Не оглядывайся и не жалей,
Слова-пересуды не слушай,
Только другу однажды налей,
Коль зайдёт к тебе в зимнюю стужу...
Январь, 2007

СБОРНИК СТИХОВ. ВОСПОМИНАНИЯ.

***

Владимиру Кашаеву
Не говори о себе грустно,
Это не итог похода в устье
Реки жизни, да ещё в ненастье...
Поверь, будут ещё повороты,
Быстрины, заводи, водовороты...
Не останавливайся на берегу,
Там я ведь точно не помогу...
Не говори о себе грустно...
Сентябрь, 2005

***

Прохладная в руке тяжёлая приятность,
Которая порой волнует и вселяет ясность,
А слабым кружит голову, как от вина подобно,
А некоторым мужам расправит спину ровно...
Скользит по лёгкому изгибу шершавая рука,
Найдя в прикладе ловкое местечко,
Мгновенно вскидывает ружьё, и сразу ясно
Из прошлых жизней, кто был кем...
Во многих нас запрятана далёко суть,
Кем были мы и кто мы есть сейчас,
Однако, не взяв ружьё однажды,
Как узнать, где истина о нас,
А где бравада?..
Октябрь, 2005

***

Эх, не найти мне рифму,
Потерялась... озарения жду...
Слова, сюжеты, мысли
Застыли, и я свечу жгу...
Но как мало она освещает,
Кубометр черноты... лишь,
Даже мышь не поймаешь,
Если задумался, ждёшь,
А чего?.. сам-то знаешь?..
Это при солнце – пространство
Огромно, там сиянье и блеск,
Его пульсирующее непостоянство
Можно легко осмотреть, но всё же...
Как всегда, в тени затаился бес...
Я свечу жгу, в темноту вглядываюсь,
Видеть бы, что за ней,
На случай всякий не зарекаюсь,
Если рифму найду,
Если станет светлей...
Февраль, 2009

***

Старик-поэт, что может быть печальней?..
Шершавою рукой он память к изначальной
Строке ведёт и лёгкою улыбкой гладит...
Всё чётко, ясно, как вчера... но сердце давит...
Не позволяет ласточкой летать и звать

СБОРНИК СТИХОВ. ВОСПОМИНАНИЯ.

Друзей к костру, где они могли присесть
И чашу полную пустить по кругу...
Старик-поэт, что может быть печальней?
Где списками потери, они же накопленья...
На заданный себе вопрос замешкался с ответом,
Не отмолчаться старику, наверно, к сожаленью...
Вопрос по-прежнему стоит в дверях, молчит...
И терпеливо ждёт, его-то не забыли, знает...
А сжатые уста ему неслышно:
– «Разменных больше нет монет...
Не торопи... отвечу...»
Сентябрь, 2009

*****

Ветер слабый, вмиг – свирепый,
Переменчив, как каприз,
Вымпел треплет адмиральский,
Нежный в поле, там – не бриз,
А зимой он вьюгой месит
Снег и лёд, спасенья нет,
По весне себя он бесит
В бликах солнца, под кларнет...
Редко будет, по желанью,
Вдруг замрёт, и жизни нет!
Парус тряпкой, бег не ланью,
Марш солдатский, вдруг – балет...
Движенье – страсть и... слабость... и судьба,
Его поймёшь лишь в остановке,
Когда теряешь чувство ритма, перемен,
А предложенье о перековке

АЛЕКСАНДР АРТАНОВ

Всё замедляет... блеф времён!..
Ты, ветер, видимо, всё это знаешь,
Ты флюгеров всех в мире господин,
Свободу на покой не променяешь,
Наверно, потому по жизни ты один...
Декабрь, 2008

***

На меня слепая наткнулась беда,
Следы пересеклись, я жив едва,
Вздох отмучил, а выдоха нет,
Какого чёрта! Где пистолет?!
Как рыба без воды, крохи хватаю
Воздуха, а пузыри пусты,
Не случайно исчез поводырь,
Долго-долго водил, но затёр следы до дыр,
Огляделся, покричал, досадно – его нет,
Один с бедой – вокруг очерет,
Он сам по себе, ни с кем не знается,
Но знает про всех, как ему кажется...
Эх, знать бы, с бедою как поступить,
Прогнать, утопить или... купить?
Но ведь беда... никогда не услышишь – да!
О цене – и не спрашивай, у беды её нет,
И даже в отчаянии... не упрашивай,
В синеве, в облаках, затерялся ответ...
Апрель, 2007

***

СБОРНИК СТИХОВ. ВОСПОМИНАНИЯ.

Город... город... стекло, авто,
Горизонта нет, лишь бетон, кирпич,
И песни поют – всё не про то,
А если про любовь, то лишь короткий спич...
По ночам – трамвайный скрежет
Напоминает зубную боль,
И вряд ли кто узнает в полёте кречета,
Имея в аттестате круглый ноль...
Замурованная твоя душа
Не полетит, бредя в потёмках,
Не возликует, едва дыша,
Не подумает о своих потомках...
Город, город, убери свой мрачный зонт,
Умой дождём запылённые тополя,
За серым бетоном живёт горизонт,
Быть может, потому я люблю поля...
Февраль, 2007

***

Я слушал тишину, она молчала,
Лишь лёгким шорохом шуршала,
Мышонком-крохой зёрнышко неся,
Вдруг ветка хрустнула, сорока затрещала,
Сохатый замер, сердце застучало,
И нервный ветер по верхам вздохнул...
Ружьё по волшебству покинул вес,
А целью стал весь ближний лес,
Где мушка в ожидании затаилась,
Чтоб мигом позже с целью слиться
И пулей быстрой в зверя впиться...

АЛЕКСАНДР АРТАНОВ

Январь, 2007

***

Кораблю опасны рифы,
Хоть они красивы,
Всё ещё смотрю красоток,
Но они спесивы...
Как ни странно, верю в мифы,
Этим же печалюсь,
Вижу богов, их изъяны,
В них не верю,
Потому, наверно, маюсь...
А по жизни все монеты
С двух сторон знакомы,
Всё ещё в руках их горсти...
Не хочу, но просыпаю...
Ты прости... то пепел грусти...
Август, 2006

***

Мигает лампа фонаря,
И дождь, и ветер — всё не зря,
Разбито счастье у меня,
А этот свет включить нельзя...
Покинуло меня тепло,
Как будто шквал сорвал пальто,
А лёгкий шарфик памятью остался
Про время прошлое, когда светло,
И каждый миг своим казался...

СБОРНИК СТИХОВ. ВОСПОМИНАНИЯ.

Свет яркий потускнел и сник,

Внезапно сжался в жёлтый карлик,

Два шага отошёл — темно, скрипит,

А был в зените... поющий жаворонок...

Не видят все, снующие вокруг,

Уже давно пора бросать тот круг,

Что к жизни, повезёт — вернёт,

А может... нет... наверно, врут...

Те знаки жизни редко кто читает,

Не ведают, какие страсти тают,

Здесь колокол разбит у звонаря!..

А кажется... мигает лампа фонаря...

Март, 2006

***

Что наша жизнь? Большие гонки,

Дистанции пути прописаны туманно,

Но колея своя дана, а льды ведь тонки,

И часто вылетаешь вон на тех ухабах...

Пути попутчиков резки, иной пересекает

Иль резко тормозит, а то и подсекает...

Белеют пальцы, слившись со штурвалом,

И гонишь, гонишь, но зачем?..

Ведь там давно нас всех навалом...

И где же цель? Куда летит армада?

И часто думаешь: уж мне туда не надо!

И хочешь повернуть, но локти остужают,

А вороньё обычной масти

Глядит и каркает, а может, осуждает...

Февраль, 2006

АЛЕКСАНДР АРТАНОВ

***

Не вспоминаю имя его всуе
И не тревожу мелочами,
Проблемы одной малой жизни
Не могут быть важными
Изначально...
Не прошу его, не умоляю,
Возможно, даже, не отвергаю,
Хотя, наверное, и не боюсь,
Вернее будет — не зарекаюсь,
А эхо вторит: «...боюсь, боюсь...»
Иду за собой, на себя же
оглядываюсь,
Всё реже вдаль теперь я
вглядываюсь,
Некуда деть сомнений ворох,
они со мной...
И красным бесстрастно мигает –
«...сбой... сбой...»
Я в дороге — иду, спотыкаюсь,
То ли в шутку борюсь, то ли каюсь,
Грущу, смеюсь, пишу, развлекаюсь,
На самом же деле, наверно... маюсь...
Как будто беззвучно я криком молчу,
Но близкие видят — я молча кричу!...
Не в тревоге я,
Я просто в дороге...
И не вспоминаю имя его
Всуе, ибо шепчу...
Спаси бо...
Спаси бо...

СБОРНИК СТИХОВ. ВОСПОМИНАНИЯ.

Спаси бо...
15 января 2006

***

Застыл, обмяк, растаял воском,
Душой открылся, снял очки...
Однажды слабость в високосном
Он проявил году, а ночью почки
Весны внезапной проявились сном...
Исчезла лёгкая воздушность,
И ясность мира — редкий дар,
Поэзии его пропала верность
И, более того, сама уверенность,
Которой скучно без «само»...
Тогда весна беспечно распустилась,
Пришла тоска, беда поэтов,
Душа смутилась... и огонь погас...
И стало жутко... тихо...
И дай нам Бог, чтоб было не о нас...
Декабрь, 2005

***

Случилось сказочное чудо:
В холодный я попал хрусталь
Зимы морозной, яркой, солнечной,
В мир нежной хрупкости — она не сталь...
Застывшее сиянье глаза мне слепит,
А тень в снегу совсем не чернь, а синь,
И кто-то изморозь тяжёлую на ветках лепит,

АЛЕКСАНДР АРТАНОВ

Сияет снежный наст, куда ни кинь...
Я в этот мир незваным гостем прибыл,
Хочу давно ему я другом стать,
Но он лишь сдержанно меня приветил,
А тропы для прогулки — всё ж решился дать...
Я вижу множество следов хозяев леса,
Пунктиры их мою лыжню пересекают,
И с лёгким любопытством, как повеса,
Смотрю, как зайцы в беге искры высекают!
Я всем желаю с лесом подружиться,
Он душу лечит, как никто другой,
Он сродни будет как в жару напиться
Из родника, как в детстве, с криком: «...ой!»
Декабрь, 2005

* * *

Стройные берёзы в стороне стоят,
Стройные берёзы мимо всех глядят,
Облетела с веток зелень-красота,
Всё ещё волнует, но теперь не та...
Клён-гусар сейчас поярче будет,
Иву утром нежно он разбудит,
Сосны ёлок волновать не станут,
Как ни стой, ведь всё равно обманут...
Только дуб-старик, он много знает,
Всех их с грустью тихо одобряет.
Третий день подряд поутру слышит:
За рекой, пока далёко, кто-то пилит...
Ноябрь, 2005

44

СБОРНИК СТИХОВ. ВОСПОМИНАНИЯ.

***

Дождь горохом стучит по крыше,
Туман разбитых капель чуть пониже,
Застыл мой взгляд, завязнув в мареве
Сияющих брызг, в холодном зареве...
Все контуры реальности размыты,
Я удивляюсь: разве мы на «ты»?..
Повеяло, как будто хлебом пахнет,
В далёком детстве, лёжа на печи...
Совсем ушло сознанье времени,
Грохочет что-то в небе... нет и имени,
Заныло сердце странным стихом,
А будет... завтра, когда всё стихнет?..
Октябрь, 2005

***

Ночь. Половина третьего,
Очки на носу, полёт фантазии,
Никого вокруг... передо мной
Чистый лист бумаги,
И только треть его в эвтаназии...
Я в центре Космоса,
Вокруг застывший мир,
Лишь вечность на равных
И это не тир,
Где кучка патронов и пир,
Если в десятку...
Всё достигается лишь реализацией,
Мнения самоуверенных,

45

АЛЕКСАНДР АРТАНОВ

На столе их, зелёном,
Ставки меньше жизни — нет,
Но не в этом их секрет,
Мало партнеров, завистников не счесть...
И более того — есть еще месть...
Велик человек в слабостях,
Его вершины — в амбициях,
Никакие жизненные сладости
Не изменят лица их...
Наивные и жестокие,
Самодовольные, просветлённые,
В иных глазах — честь,
Но чаще всё же — жесть...
Сентябрь, 2005

***

Ветер борьбы и штиль покоя,
Бухта надежды, которую нашёл я,
Мне б осмотреться и отдохнуть,
Сил поднабраться, а парус свернуть,
Но ветер попутный, плечо теребя,
Торопит, как будто моря
И дня не могут прожить без меня...
Медлю с решением я,
Стою и раздумываю...
Прохоровка, август, 2005

***

Рассказал бы мне пораньше

СБОРНИК СТИХОВ. ВОСПОМИНАНИЯ.

Все премудрости нашей жизни,
Я б, наверное, совсем иначе
Совершал бы свои ошибки.
Но с другой стороны монеты,
Повернув её и поразмыслив,
Вижу в жизни совладельцев
И возможность встречных исков.
Жизнь моя — как та карета,
По дороге, что раскисла,
Ехать надо, ждут полвека,
А менять... не имеет смысла...
Рассказал бы мне пораньше...
Сентябрь, 2005

***

Пишу пейзаж широкими мазками,
Органной музыкой пишу,
Для полноты — словами...
В бескрайний мир его пространства
Травинку тонкую легко вплетаю,
Как оголённый нерв своей души...
Со временем трудней
Мне в жанре оставаться,
Размеры велики,
Всё больше надо напрягаться,
Чтобы учесть всё то,
Что было, есть и, вероятно, будет,
Как много запахов и красок,
И цветов, и не забудет
Мой друг оставить свой мазок,

АЛЕКСАНДР АРТАНОВ

А я зову в соавторы любовь,

Надежду и печаль... но вновь

Я замечаю на моем холсте

Уж явно незаконченный фрагмент

Недавно прожитой почти всей жизни...

Не всё, как оказалось, мне подвластно,

И полотна влекущая невинность

Нередко превращалась в лёд... напрасно,

И исчезал намёк на нашу близость...

Я долго на пейзаж смотрю,

Уже без кисти, просто изучаю,

Итог большой работы и мечты.

С печалью вижу — краска отслоилась,

А цвет, тональность уж не те,

Как мне хотелось... ведь мне снился

В далёкой юности шедевр,

Чей автор был... когда-то... неизвестен...

Ноябрь, 2005

СБОРНИК СТИХОВ. ВОСПОМИНАНИЯ.

***

Всё больше смертных
С Творцом хотят дружить,
Всё громче зазывают не скупиться,
А может... откупиться?
Прохоровка, август, 2005

***

Кто был в лесу осеннем,
Мокром, ветреном,
Тот слышал леса тишину,
Чья ткань из шума
Капель соткана,
Далёких криков воронов,
Присевших на сосну.
Гудящий ветер поверху
Бросает ветки вниз,
Как будто кто отряхивает
Своих ошибок груз...
Ноябрь, 2005

***

Иду по следу, лепит снег лицо,
Колючки острые секут ресниц забрало,
А следа линия в метель ныряет,
Как будто просит от судьбы укрыть...

49

АЛЕКСАНДР АРТАНОВ

Азарт ведет — он предков зов,
Как будто племя ждет спасенья
В моей удаче, а время холодов
Растает облаком от моего желанья...
Стена снежинок зверя укрывает,
Защита слабая, но так бывает,
И боги, снизойдя, слегка кивают,
Ни мне, ни зверю — привилегий нет...
Январь, 2006

***

Какая тяжесть в грамме этом!..
И море слёз в той капле поместилось!..
Как тих мой голос в рёве стадионном,
Как важен я, что всё случилось!
Я мелочь, пыль, снежинка, муравей,
Считаться с этим — кто же будет?
Но кто однажды глазом поморгал,
Тот ту пылинку вряд ли позабудет...
В борьбе всех сил ведь равных не бывает,
И перевес из граммов всё решает,
И голос тихий все смиренно слушать будут,
Вдруг поняв, что мгновения в расчёт идут...
Сотри, «знаток», улыбку превосходства,
Никто не может знать, куда идём,
И сладкий стих чем вскоре обернётся,
И счастье вряд ли просто так найдём...
Своим пределам, каплям и частичкам
Цену достойную должны сложить,
Ведь неизбежно, разными путями,

СБОРНИК СТИХОВ. ВОСПОМИНАНИЯ.

Придём туда, где всем платить...
Февраль, 2006

АЛЕКСАНДР АРТАНОВ

***

И.Н. Лебедичу
Как стих рождается, никто не знает,
И цвет бутоном как-то расцветает,
А мысль причудливым пера витком
На чистый лист рисунком ниспадает...
Велик Творец в красотах всех земных,
Его полотна в рамах не бывают,
«И я могу» — сказал один из смертных,
Слова такие до сих пор смущают...
Силён гордец в проектах и расчётах,
Пытливый ум за руку всех ведёт,
И в глубине себя, и Космоса чернотах,
Он истину Творца, конечно же, найдёт!
Март, 2006

***

За туманным стеклом – лицо,
Запотевшая чужая жизнь,
Зашумело большое авто,
Заиграл надоедливо диск...
Отодвинулся от стекла,
Не хочу быть простым пятном,
Но не спрятаться от себя,
Даже будучи сильно пьяным...
Март, 2006

СБОРНИК СТИХОВ. ВОСПОМИНАНИЯ.

***

Бормочет странности себе под нос, чудак,
Он на краю познанья, дальше темень,
Вдоль линии сандалии стучат,
И слышит за спиной — «...идет дурак»,
А он за горизонт всю землю держит...
Сияет зарево, ведь день ушел,
И ночь ровняет всех — по кругу день прожили,
Их мало, кто для всех шажок прошёл,
Потом окажется — триумфа мили...
Июль, 2006

***

Ты хочешь власти?
Вершин её достигнешь,
И враг к тебе придёт
С улыбкой льстивой,
А друг смутится от преград,
Что вдруг слепило окруженье,
И горсть сверкающих наград
Ты будешь раздавать, но, может,
Странное суженье круга близких
И отменённый твой парад,
В душе который ты назначил,
Вопрос задаст в который раз:
Ты... хочешь власти?!
Декабрь, 2006

АЛЕКСАНДР АРТАНОВ

***

Не смотри так часто вверх,
Напрасно это,
Ты не смиренный человек,
И это верно!...
Иначе жили б в шалашах,
А в душах прятался бы страх,
А это скверно...
Для дома жизни — всё нужное у ног,
Ты строй, разбивши руки в кровь,
Не думай, сверху будто кто помог,
Ведь он молчал, не замечал твой кров,
А может, он лишь не мешал
Тому, кто верит в собственные силы,
Но мягко в спину иногда толкал,
Когда ты, молча, долго размышлял...
Не смотри так часто вверх,
Напрасно это,
Ты гордый, слабый человек,
И это верно!
Февраль, 2007

***

Я не боюсь, а лишь стремлюсь
Побольше дней увидеть, разных,
Обычных... майских... грустных...
И я смеюсь...
Со снегом ветер — задыхаюсь,
По берегу — водой бреду,

СБОРНИК СТИХОВ. ВОСПОМИНАНИЯ.

А по ночам всё чаще — маюсь...
Из детства ходики-часы
Мне гулко отмеряют,
Теперь уж ясен срок —
закончился завод,
Ещё немного... слышатся...
последние шаги секунд...
И вот... исчерпано всё время... тихо... end.
Февраль, 2010

***

По каждой дороге или тропе
Путник, бредущий иль вместе в толпе,
Встретит лежащий, тот самый, гранит
С текстом, влекущим, словно магнит...
Хочешь не хочешь, но выберешь путь,
Это и есть наша Жизнь, её же и суть,
Здесь не соскочишь, не обведёшь,
Но лишь с собою себя ты найдёшь...
2007–2008

***

Ей-богу, мудрено устроил кто-то жизнь,
Карабкаясь по склону лет к её вершине,
Вдруг понимаешь, что к совершенству
Имеет отношение сам чёрт с ухмылкой,
Нам белокрылья ладя на спине...
И тут же дырку проколов на шине...
Март, 2009

***

Как уходит любовь? Тихо-тихо... как боль,
Не скандалит, не хлопает дверью,
А молча... вся сжавшись, себя не оправдавши,
Лишь на память рубец на сердце взявши...
Декабрь, 2009

СБОРНИК СТИХОВ. ВОСПОМИНАНИЯ.

От автора

Всегда подозревал, что наша жизнь познаётся, помимо методов науки, через мир ассоциаций, ярких чувств, поэтических образов и интуитивных озарений... Поэзия позволила мне убедиться в верности такого предположения и порой ощущать радость вперемешку с грустью на пути понимания жизни... и себя...
Желаю счастья тебе, читатель...

Коротко о себе. Я инженер-строитель, пенсионер. Живу в Киеве. Имею опыт публикаций технической направленности. В 2023-2024 годах опубликовал приключенческую трилогию «Сначала был абрис» и сборник стихов на Draft2Digital. Пишу на украинском и русском языках. В 2026 году завершил военно-исторический приключенческий роман "Темные пятна".

Сообщения об обнаруженных ошибках, опечатках, а также рецензии можно пересылать по адресу: 131.deda.1@gmail.com
v-07.06.26